DISCOURS

Prononcé dans l'Eglise de Saint-Pothin

PAR LE R. P. GRESSIEN DE LA COMPAGNIE DE JÉSUS

A L'OCCASION DE LA FÊTE ANNUELLE

MES FRÈRES,

La Société de secours mutuels des Demoiselles employées de commerce se réunit aujourd'hui dans une fête religieuse pour affirmer son esprit chrétien ; devant vous, Mesdames et Messieurs, qui avez fortune et bon cœur, pour se recommander une fois de plus à votre bienveillance ; devant vous, jeunes filles de la classe laborieuse, qui vous sentez seules dans la vie, pour vous inviter à chercher dans ses rangs l'aide dont vous avez besoin.

Plaise à Dieu que je puisse raviver encore, s'il se peut, les sympathies que cette Société s'est acquises déjà, et lui concilier, s'il en est besoin, des sympathies nouvelles.

J'essayerai de le faire en développant un proverbe de Salomon, qui me semble louer de cette Société à la fois le but et le fonctionnement. Voici ce proverbe : « *Frater qui adjuvatur a fratre, quasi civitas firma* » (1) : « le frère qui est aidé par son frère — nous pouvons traduire sans contre-sens : la sœur qui est aidée par sa sœur — est comme une ville forte. »

Pendant la guerre de 1870, ma ville natale tint en échec, à elle seule, jusqu'à la fin des hostilités, une armée entière. Je rappelle ici d'autant plus volontiers ces gloires de mon pays qu'elles sont celles du vôtre : les enfants de Lyon faisaient en partie la force de Belfort. Quel admirable fait d'armes que cette triomphante résistance opposée par une petite ville à tant d'ennemis ! Qu'aurait pu contre notre patrie le peuple allemand tout entier, si toutes les villes de nos

---

(1) Prov., XVIII, 19.

frontières, fortes comme celle-là, avaient élevé devant lui une muraille infranchissable ? L'Allemagne et la France ont été d'accord pour saluer cette merveille : les défenseurs de Belfort ont traversé les lignes ennemies avec les honneurs de la guerre ; au pied de notre citadelle de là-bas, comme ici tout près sur les rives de votre Rhône, des monuments s'élèvent pour perpétuer ces glorieux souvenirs ; cette année encore, ceux qui ont joué ces grandes scènes, sont allés sur le théâtre de leurs exploits les fêter, et Belfort porte maintenant dans ses armes la croix d'honneur.

Eh bien ! voilà selon Salomon le Sage, selon l'Esprit-Saint qui l'inspirait, l'image fidèle de ce que peut le frère aidé par son frère, de ce que peut la sœur aidée par sa sœur, de ce que peut par conséquent, Mesdemoiselles, chaque membre de votre Société de secours mutuels, où vous êtes toutes sœurs, et où vous vous aidez si bien.

Ne nous contentons pas de frapper l'imagination par une comparaison. Allons au fond des choses. Le *but* de votre Société est de fortifier ses membres contre les difficultés et les périls de la vie ; son *fonctionnement* est tout entier dans le secours mutuel de la charité fraternelle. Montrons que ce *but* répond à un grand besoin, et nous aurons recommandé votre Société par sa grande utilité. Montrons que ce *fonctionnement* mène sûrement votre Société à son but, et nous l'aurons recommandée par sa bonne constitution.

I

Le but de la Société de secours mutuels des Demoiselles employées de commerce est de fortifier ses membres contre les difficultés et les périls de la vie. Ce but répond à un grand besoin.

Le monde — qui l'ignore ? — est plein de difficultés et de périls, soit dans l'ordre matériel, soit dans l'ordre moral.

Dans le monde — depuis que la malédiction de Dieu est tombée sur lui en punition du péché, depuis que Dieu a dit à l'homme : « *La terre ne produira pour toi que des ronces et des*

épines » (1)—les choses opposent à l'action humaine des résistances, dont elle ne triomphe pas sans de rudes efforts.

Dans le monde — depuis que les hommes ont reçu d'Adam
le triste héritage d'une nature gâtée — chacun trouve autour
de soi, dans ses semblables, des jalousies, des duretés, des
injustices, d'où naissent des résistances des hommes, plus
gênantes encore à l'action humaine que les résistances des
choses ; et chacun trouve en soi des impuissances de mus-
cles ou de talent, des maladies, des infirmités qui mettent le
comble à ce déplorable état de faiblesse.

Il résulte de là que dans le monde la sentence divine,
tombée à la porte du paradis terrestre sur notre race de
pécheurs : « *Tu mangeras ton pain à la sueur de ton front* » (2),
s'exécute partout avec une rigueur douloureuse. Il est difficile, dans le monde, de se faire place et fortune ; difficile de
conserver la fortune et la place qu'on s'est faites. Vous êtes
dans la pauvreté ; mille obstacles surgissent, comme nous
avons dit, des choses, des autres et de vous-même, pour
vous empêcher d'en sortir. Vous en êtes sortis par je ne sais
quelle heureuse faveur ; d'autant de côtés surgissent des accidents qui peuvent vous y faire rentrer.

Et ces difficultés, et ces périls qui s'en prennent à nos intérêts du corps et du temps, sont encore négligeables auprès
de ceux qui s'en prennent à nos intérêts, autrement précieux,
de l'âme et de l'éternité.

Qui pourrait nous montrer partout où ils se trouvent et
dangereux comme ils sont tous ces ennemis de nos âmes ? —
C'est le découragement qui naît des obstacles et des accidents
dont nous avons parlé, et qui enlève à l'âme son énergie, ce
ressort sans lequel tout est vite perdu dans la vie matérielle
comme dans la vie morale. — Ce sont les instincts mauvais
que nous portons tous au plus intime de nous-mêmes, les
occasions de mal faire et les sollicitations néfastes qu'on
rencontre à chaque pas dans ce monde corrompu, toutes
choses qui trop souvent mènent au vice. — Ce peut être en-

____

(1) Gen., III, 18.
(2) Gen., III, 19.

core, fruit du découragement et du vice, la perte de la foi, qui ouvre l'abîme de toutes les misères, car, Dieu perdu, que reste-t-il ? Plus rien. — C'est enfin le démon qui nous livre sans relâche les rudes assauts de la tentation.

Pour tenir tête à toute cette armée qui nous assiège, quelle force ne nous faut-il pas ? La force d'une ville entourée de remparts et de citadelles inexpugnables : *quasi civitas firma*.

Cette force, il nous la faut à tous, puisque les difficultés et les périls de la vie sont réels pour tous ; mais il la faut davantage à plusieurs, pour qui cette réalité est plus poignante; à plusieurs que l'âge, le sexe, l'éducation, la situation pécuniaire et sociale faite par la naissance ou par le malheur, ont rendus plus faibles et plus exposés. Et parmi ces plus faibles et ces plus exposés qui ont un plus grand besoin de force, qui ne voit qu'il faut ranger celles à qui notre Société de secours mutuels ouvre ses rangs ?

Les demoiselles employées dans le commerce ou exerçant des professions analogues, outre la faiblesse de leur sexe, ont bien souvent celle de l'âge. Double faiblesse, d'où naît un manque de vigueur et d'expérience tout à fait regrettable quand on est obligé, comme elles le sont, de gagner soi-même jusqu'à la dernière bouchée de son pain.

Et si la maladie, si le chômage viennent empirer une situation déjà si précaire — ce qui n'est pas rare dans ces existences où se livre entre l'ouvrière trop faible et le travail trop dur une lutte inégale — ah ! ce n'est pas, comme dans d'autres existences plus heureuses, une rencontre de quelques jours avec la douleur, dont un peu de patience fera vite voir la fin ; non, c'est plus d'une fois l'abîme sans fond de la misère noire, où on tombe en désespéré, où on se débat avec impuissance, d'où un coup de Providence inespéré peut seul faire sortir.

Quelles difficultés, quels périls pour la vie matérielle !

La vie morale sera-t-elle moins dangereuse et plus facile à vivre ? — Hélas ! quel espoir qu'il en soit ainsi ?

Oh ! sans doute, la jeune fille, même la jeune fille pauvre, peut avoir d'heureuses dispositions, de nobles aspirations, une culture religieuse bonne, excellente. Mais a-t-elle la vigueur et l'expérience, plus nécessaires encore dans la lutte pour la vertu que dans la lutte pour le pain ? Comment pourrait-elle les avoir, puisqu'elles sont le fruit d'une habitude déjà longue dans ces sortes de combats nouveaux pour elle ? Elle ne les a donc pas. Et pourtant, quels dangers, grand Dieu ! l'enveloppent et la menacent !

Dans les magasins, dans les ateliers, dans tous les lieux de travail où elle passe ses journées et quelquefois une partie de ses nuits, que de compagnes, que d'employés, que de clients, auxquels elle est mêlée, souvent soumise, et qui sont aussi peu respectueux de l'âme des autres qu'insouciants de la leur propre ! qui abusent même de leur crédit ou de leur autorité pour blesser des sentiments chrétiens qui les choquent, flétrir une vertu qui les gêne, flatter une passion qui les grise !

Et en dehors des lieux de travail, dans nos grandes villes, que de lieux où on s'amuse volontiers quand on a travaillé longtemps, et où le plaisir pourtant n'est pas honnête !

Et dans la rue, où il faut bien passer, si vertueux qu'on soit, et dans le logement, qu'il faut bien prendre quelque part et qu'on ne trouve pas toujours en lieu aussi sûr qu'il faudrait, que de scandales encore ! que d'occasions de mal faire ! L'affiche collée sur le mur, le journal illustré et le roman partout étalés, l'impertinent qu'on rencontre, qui suit, qui frappe à la porte, et, plus impertinente que lui, la faim peut-être, qui lui ouvre un jour de détresse où on se sent mourir, et où on accorde au besoin ce qu'on a vingt fois refusé à la passion. Ah ! c'est qu'il y en a, de ces exploiteurs de la faim, qui, n'ayant pu se faire donner par le cœur ce qu'ils voulaient, épient le moment où ils pourront l'arracher à la nécessité ; et qui, le moment venu, viennent, avec un masque hypocrite de générosité, tout en n'étant que des lâches et des voleurs, apporter à la pauvre affamée un peu de bien-être pour beaucoup de vertu qu'ils lui emportent.

Oh ! puisqu'il y en a de ces misérables, comment se fait-il donc qu'ils osent encore après leur crime se montrer dans le monde le front haut ? Et puisqu'ils poussent l'impudeur jusque là, puisqu'ils sont parfois scandaleusement connus, comment se fait-il donc que la justice humaine ne les marque pas au front d'un fer rouge pour les dénoncer à la colère publique ? Et puisque la justice humaine recule devant ce châtiment, comment se fait-il donc que vous ne l'infligiez pas vous-même, justice de mon Dieu ? Vous avez marqué le front de Caïn d'un signe de malédiction, parce que le sang de son frère, qu'il avait tué, criait vers vous ; est-ce qu'il ne crie pas vers vous, le sang des âmes qu'ont tuées ceux-ci ? — Oh ! laissez passer quelques années de vos jouissances coupables, assassins des âmes, qui exploitez l'abandon et le besoin de la pauvre enfant sans défense, et si vous ne vous marquez pas vous-mêmes le front du signe de la pénitence chrétienne, la justice de Dieu saura bien vous retrouver, et le feu dont elle vous brûlera non seulement le front, mais tout le corps et même l'âme, ce sera le feu de l'enfer qui vous marquera d'un signe de malédiction que l'éternité n'effacera pas.

Pauvres jeunes filles, qui venez dans nos grandes villes, au milieu de tant de difficultés et de périls pour le corps et pour l'âme, chercher péniblement votre vie par votre propre travail, toujours dur, que je vous plains ! Il vous faudrait, pour gagner votre pain en gardant votre vertu, plus de vigueur, plus d'expérience, et, avec ces deux soutiens, une affection douce et pure qui vous relèverait l'âme aux heures mauvaises. Car c'est encore un soutien, qu'une bonne affection qui console. Vous aviez tout cela auprès de votre père et de votre mère ; mais hélas ! l'orage a chassé du nid le petit oiseau avant qu'il eut des ailes ! Pauvre petit oiseau ! Il se débat maintenant, comme il peut, dans la poussière du chemin ; à entendre les petits cris plaintifs qu'il pousse, je sens bien que tout lui manque et qu'il souffre ; à voir tout ce qui passe avec lui sur la route, je tremble à chaque instant qu'on ne l'écrase, et peut-être que c'est un sans-cœur qui, en se jouant de lui pour se donner un instant de joie méchante, le fera mourir !

Providence de mon Dieu, avez-vous assez aimé le petit oiseau ? Oh ! si ma foi de chrétien ne me disait bien fort que vous êtes la bonté même, je me le demanderais en pleurant ;

mais je crois, mais je sais que vous n'avez jamais fait de mal à personne. Tout le mal est venu du péché. Vous, vous n'avez fait que du bien ; et vous en avez tant fait, qu'à côté de tout mal fait par le péché il y a un bien fait par vous qui lui est un remède.

Nous venons de voir un grand mal, mes frères, voyons-en le remède. — Nous venons de voir à quelles difficultés et à quels périls sont exposées celles pour qui notre Société de secours mutuels s'est fondée; nous venons de voir quelle force il leur faut pour se faire dans ce monde une vie facile et sûre; voyons comment, par un bienfait de la Providence, elles peuvent trouver cette force dans le secours mutuel de la charité fraternelle.

II

Les membres de la Société de secours mutuels des Demoiselles employées dans le commerce mettent en commun leurs versements annuels, ceux des membres honoraires et fondateurs, ainsi que toutes. les recettes extraordinaires que la Société pourrait faire. Ce petit patrimoine leur fournit des ressources précieuses dans les difficultés de la vie, principalement en cas de maladie, de chômage ou de recherche d'emplois.

Les sociétaires trouvent en outre dans une maison de famille, avec un lieu de réunion et les soins d'une congrégation religieuse qui leur est toute dévouée, les moyens d'instruction, les distractions et les appuis que leur condition réclame.

Voilà tout le fonctionnement de la Société. Nous allons voir qu'il permet d'atteindre sûrement le but qu'elle se propose et que nous avons exposé : donner aux sociétaires pour la vie matérielle et morale la force dont elles ont besoin.

Le secours mutuel purement intéressé, qui ne concourt à l'avantage d'autrui que pour se procurer le sien propre, si découronné qu'il soit de cette auréole de générosité que portent toujours les vertus chrétiennes, est déjà dans une certaine mesure capable de donner aux êtres trop seuls dans la vie quelque chose de la force qui leur manque. Car soutenir les autres pour être soutenu soi-même est un acte de sagesse humaine auquel est due cette humaine récompense, selon les lois de Providence qui régissent le monde. Dieu en effet a mis les hommes en société dans le monde comme il a mis les abeilles en essaim dans la ruche. S'il veut qu'ils travaillent à se faire la vie facile et sûre, il ne veut pas que ce soit chacun de son côté et pour son propre compte, jamais avec le concours et pour le compte des autres ; pas plus qu'il ne veut que chaque abeille, se cantonnant dans son petit coin de la ruche, y fasse son petit travail et y vive sa petite vie, sans souci du travail et de la vie de tout l'essaim. La nature même des choses le prouve. N'est-il pas vrai qu'il y a nombre d'industries sans lesquelles la vie n'est facile et sûre pour personne, et qui surpassent tellement les forces d'un seul homme qu'elles exigent nécessairement le secours mutuel de plusieurs ? N'est-il pas vrai qu'en mille choses où l'homme peut à la rigueur réussir seul, il réussit d'autant mieux et plus vite qu'il multiplie davantage son propre savoir et ses propres efforts du savoir et des efforts des autres ? C'est évident. Si donc un homme, méconnaissant cette loi de Providence, s'isole de ses semblables pour ne s'occuper que de lui-même, il fait une manœuvre maladroite dont il souffre le premier : comme il refuse aux autres son concours, il se prive du leur, qui lui est pourtant souvent nécessaire, toujours utile. Au contraire, si un homme se plie à cette loi de Providence, ne fût-ce que pour le motif de son intérêt personnel, il reçoit — et c'est justice — la récompense naturelle de son acte de sagesse : comme autrui profite de son concours, il profite du sien, et le voilà pour la vie fort non plus seulement de sa propre force, mais aussi de la force de ceux avec lesquels il se ligue.

Que si le secours mutuel part d'une source plus pure ; que si au motif d'intérêt personnel, qui le commande, se joint un motif d'amour fraternel ; oh ! c'est beaucoup mieux. Car cet amour fraternel ne s'élevât-il pas encore à la hauteur de la charité chrétienne, ne fût-il que l'amour naturel que tout homme bien doué se sent comme d'instinct pour son semblable ; il éloigne déjà du secours mutuel, qu'on donne alors à son prochain comme à son frère, ce souci trop grand de soi-même, qui est de l'égoïsme, et qui, poussant aisément à des injustices, du moins à des indélicatesses et à des défiances, sera toujours pour une société une cause de discorde et par conséquent une cause de ruine.

Que si le secours mutuel part d'une source tout à fait pure ; que si l'amour fraternel, qui se joint au motif d'intérêt pour l'inspirer, n'est pas seulement un amour tout humain que la nature toute seule met au cœur, mais de la charité chrétienne ayant l'amour de Dieu pour principe et pour modèle : de la charité chrétienne qui fait qu'on aime son prochain comme soi-même pour l'amour de Dieu parceque Dieu nous a dit un jour, après nous avoir aimés jusqu'au sacrifice de sa vie : « aimez-vous les uns les autres comme je vous ai aimés » ; parceque Dieu a fait de ce précepte le second de ses commandements, semblable au premier qui est celui d'aimer Dieu ; parceque Dieu nous a déclaré qu'il regarderait comme fait à lui-même ce que nous aurions fait aux autres, et qu'au jour du jugement le Ciel serait la récompense de notre charité ; oh ! c'est tout à fait bien ; on ne peut rien vouloir ni rêver de mieux. Le secours mutuel né de là est tout puissant pour donner la force qu'on lui demande ; parceque la charité porte avec elle, pour toutes les œuvres qu'elle entreprend, des garanties assurées de succès.

« *La charité*, a dit Saint Paul, *est patiente et bienveillante ; elle ne connaît ni l'envie, ni la témérité, ni l'orgueil, ni l'ambition, ni l'égoïsme, ni la colère, ni le soupçon, ni l'injustice ; elle souffre tout, elle croit tout, elle espère tout, elle supporte tout* » (1). Ah ! certes, quand on est ainsi doué, à quelque œuvre qu'on mette la main, on peut aller de l'avant avec confiance, sûr du succès. — Enlevez, en effet,

____

(1) I Cor., XIII, 4-7.

d'une société l'envie, l'orgueil, l'ambition, l'égoïsme, les soup-
çons et l'injustice ; vous en avez enlevé du même coup toutes
les causes de division et par conséquent la plus grande cause
d'insuccès. Nous le savons bien, rien qu'à voir comme ces
funestes passions réduisent à l'impuissance la plupart des
hommes de notre temps. Aux portes de l'Europe on massa-
cre presque tout un peuple ; et l'Europe ne parvient pas à
faire cesser ces atrocités, parceque les états de l'Europe,
troublés par ces passions, ne parviennent pas à s'entendre
pour agir de concert. On persécute odieusement les catholiques, et les catholiques qui sont le nombre, ne deviennent pas
laforce et ne triomphent pas des persécuteurs, pour des raisons
toutes semblables. — Enlevez encore la témérité et la colère : la
témérité qui compromet les meilleures entreprises et la colère
qui peut les briser au moment où elles sont le mieux conduites ;
et vous avez supprimé toutes les causes d'échec. — Or voilà,
selon Saint Paul, ce que fait la charité partout où elle se
trouve. Et ce n'est encore que la moitié des services qu'elle
rend ; les causes d'échec supprimées, elle y substitue les
meilleures causes de succès : « *patiens est,* » la patience que
rien ne lasse, que rien ne déconcerte, et qui fait ainsi à tra-
vers tous les obstacles superbement son chemin ; « *benigna
est,* » la bienveillance que toutes les détresses, que tous les
besoins émeuvent si fort qu'elle ne se résout pas à leur fer-
mer sa main et son cœur avant qu'elle ne les ait soulagés ;
« *omnia suffert..., omnia sustinet,* » le support généreux de
ce qu'il faut souffrir pour faire le bien ; « *omnia credit,* » la
foi qui croit que Dieu commande la charité, qu'il la reçoit
lui-même dans la personne du prochain, qu'il la récompensera
divinement au Ciel ; « *omnia sperat,* » l'espérance qui, les
yeux fixés sur ce Ciel si beau, emporte comme par force vers
toutes les bonnes œuvres qui peuvent y conduire. Oh ! il n'y
a pas moyen alors que la charité, forte de tant d'autres vertus, ne se trouve pas elle-même plus forte que tout le reste
et ne mène pas à bien toutes ses entreprises. D'autant plus
que Dieu contemple avec amour les charitables et se dit:
« puisqu'ils font ce que je leur ai dit de faire, puisqu'ils s'aiment les uns les autres comme je les ai aimés, puisque le

bien qu'ils se font entre eux est fait à moi comme je l'ai attesté, il faut qu'en attendant le jour où je les appellerai *bénis de mon père*, déjà je bénisse leurs œuvres ». Et il bénit leurs œuvres, et sa bénédiction fécondante est pour elles un gage suprême de prospérité.

Vous comprenez à présent pourquoi le fonctionnement de votre Société ne peut manquer de la conduire à son but. C'est parce qu'il repose tout entier sur le secours mutuel, sur l'amour fraternel et sur la charité chrétienne : trois choses dont chacune prise à part est déjà pour atteindre ce but d'une puissance merveilleuse, et qui toutes trois ensemble ne peuvent rencontrer d'obstacle sérieux.

Travaillez donc de toutes vos forces, Mesdemoiselles, à assurer ce bon fonctionnement.

Cherchez votre intérêt personnel dans le secours mutuel que vous vous prêtez les unes aux autres. C'est légitime et même voulu de Dieu, puisque cet intérêt personnel n'est autre que la garantie d'une vie honnête pour le corps et pour l'âme, et puisque vous prenez cette garantie dans une union on ne peut plus conforme aux desseins du Dieu qui disait en fondant la première société type de toutes les autres : « *il n'est pas bon que l'homme soit seul* » (1).

Mais en cherchant dans ce secours mutuel votre intérêt personnel, cherchez-y aussi l'intérêt de celles auxquelles vous vous unissez. — Cherchez-le par amour fraternel. On voit quelquefois l'abeille ramener à la ruche une autre abeille qui s'est froissé l'aile ; il serait étrange que l'amour fût moins puissant au cœur de l'homme que l'instinct au cœur d'une mouche ; il faut donc qu'on voie aussi la sœur donner la main à sa sœur en détresse, pour l'aider. — Cherchez-le surtout par charité chrétienne : parce que *vous aimez votre prochain comme vous-même pour l'amour de Dieu*. Vous dites ces mots matin et soir dans votre prière, faites du matin au soir ce qu'ils signifient, afin qu'il n'y ait pas entre vos paroles et votre conduite une contradiction malheureuse qui serait la

---

(1) Gen., ii 18.

condamnation de votre vie et de mauvais augure pour votre éternité, car Dieu doit appeler dans son royaume de l'éternité non pas les égoïstes, non pas même les philantropes, mais les charitables qui se seront chrétiennements aimés.

Mais je ne sais vraiment pourquoi je vous exhorte ; c'est pour moi presque une faute ; tout mon devoir doit être ce soir de vous féliciter.

Oui, mon devoir. « *Nous ne pouvons taire ce que nous avons vu et entendu* » (2), disaient autrefois les apôtres en parlant de Jésus-Christ. Le spectacle divin qu'il leur avait mis sous les yeux les forçait à lui rendre ce témoignage public. Eh bien ! moi aussi, j'ai eu sous les yeux un spectacle où le divin avait sa place, et je ne puis taire ce que j'ai vu et entendu ; mon devoir est de parler.

Dieu — pour me convertir, je pense — m'a fait la grâce de donner il y a quelques jours la retraite annuelle dans la maison de famille où notre société de secours mutuel a son lieu de réunion. J'ai été là pendant toute une semaine le représentant de Dieu, et je puis dire que j'y ai vu toutes choses avec l'œil de Dieu qui voit jusqu'au fond des âmes, puisque les âmes s'y ouvraient à moi avec une confiance qui fait de leur grande foi un bel éloge.

Et voici ce que j'ai vu dans cette maison qui est vraiment une *maison de famille*.

J'ai vu l'amitié délicate et franche qu'on s'y donne entre sœurs, l'affection toute filiale qu'on y a pour celles qu'on appelle sans mensonge des mères, le dévouement maternel qu'on y reçoit en retour de ces femmes sublimes qui n'ont qu'une ambition : être vraiment tout ce que ce doux nom de mère dit qu'elles sont. J'ai vu près des petites malades les petites fleurs apportées là par des mains amies ; et le bon Jésus de la communion, qui m'accompagnait dans ces visites à la souffrance, était encore plus heureux que moi de les voir, sachant mieux que moi ce que vaut la charité. J'ai vu comme on y va de soi-même demander conseil à qui tient de Dieu ou de

---

(2) Act , iv, 20.

Marie mission de conseiller ; comme on y connait le taber-
nacle et la sainte table ; comme on y prie ; comme on y
chante ; comme après le travail règne partout la gaîté pleine
d'entrain qui témoigne si bien de la pureté du cœur ; comme
à ces heures de libre expansion, sans mot d'ordre, sans
complaisance calculée, aux innocentes joyeusetés se mêle le
petit cantique.

Et en voyant toutes ces choses — que Dieu me faisait voir
pour me réjouir le cœur — que de fois je me suis dit : à ces
enfants ainsi groupées ensemble, les plus faibles avec les
plus fortes ; toutes autour de bonnes mères qui n'aiment
rien tant que cette petite famille, qu'elles se sont faite un
jour qu'elles ont conçu la sainte pensée d'aimer éperdument
Dieu dans les âmes (1) ; toutes sous la sage et paternelle di-
rection d'un prêtre dont tant d'œuvres et de congrégations
de ce diocèse apprécient le mérite et le zèle (2) ; toutes encou-
ragées et soutenues par tant de nobles cœurs (3), qui encou-
ragent et soutiennent toutes les œuvres de cette ville qui est
par excellence la ville des œuvres ; toutes sous le haut patro-
nage d'un archevêque (4) dont il faut dire, sans autre réserve
que celle qu'on doit toujours faire quand on applique à l'homme ce que le Saint-Esprit a dit de Dieu, qu'il est la bonté
même, *caritas est* ; à ces enfants ainsi groupées, ainsi diri-
gées, ainsi soutenues et protégées de mille façons contre les
difficultés et les périls qui menacent dans ce monde leur
existence et leur vertu, que manque-t-il ? — Rien ; pas même
de comprendre et de goûter leur bonheur ; car leur bonheur
est par elles très bien compris, très bien goûté ; et c'est ce
dont je dois les féliciter ; et c'est ce qui me permet, plus que
tout le reste, d'affirmer que leur œuvre est bonne et qu'elle

---

(1) Les religieuses de Marie-Auxiliatrice.

(2) M. le chanoine Richoud, archiprêtre de St-Polhin, supérieur de la
communauté de Marie-Auxiliatrice et de nombreuses congrégations du
diocèse.

(3) Les membres du bureau du secours mutuel, les dames patronnesses
et bienfaiteurs de l'œuvre.

(4) Mgr Coullié, archevêque de Lyon, président d'honneur de la Société.

vivra, comme vivent les œuvres qui ne doivent pas mourir, d'une vie de plus en plus robuste et féconde.

Oh ! petite congrégation naissante, par qui Dieu s'est plu à faire ces merveilles, laisse-moi prophétiser ici sur ton berceau. Tu portes deux noms qui inspirent les prophètes : *Marie-Auxiliatrice* ; deux noms qui disent *charité* ; deux noms qu'on invoque quand on pleure et qui font sourire quand on les a invoqués, parce qu'on pleure toujours quand, n'ayant plus ni secours ni mère, on est réduit à crier au secours et à appeler sa mère, et parce que le secours et la mère ne manquent jamais à qui les invoque, quand le secours et la mère c'est la Vierge Marie. Eh bien ! ces deux noms, qui disent tant de bonnes choses, disent à merveille ce que tu veux faire et ce que tu fais déjà. Notre siècle le comprendra vite — il y sera bien forcé par toutes ses grandes villes modernes qui regorgent de plus en plus de pauvres enfants sans secours et sans mères, qu'il ne sait comment aider — et quand il l'aura compris, les cœurs généreux, que la charité pousse à la vie religieuse, viendront à toi, comme ils vont aux petites sœurs des pauvres, comme ils vont à toutes ces congrégations nouvelles que Dieu a suscitées pour porter remède à nos besoins nouveaux. Et alors toutes les villes de France, toutes les villes du monde auront pour les jeunes filles trop seules des maisons de famille, des sociétés de secours mutuels, tout ce qui leur donnera la force de vivre honnêtes et contentes.

Vous ferez cela, Providence de Dieu ; j'en ai la certitude, parce que Jésus-Christ, qui ne ment pas, nous a dit que vous aimez les petits oiseaux, même ceux qui ne sont pas tombés du nid comme ceux-ci avant de savoir voler. Vous ferez cela, et nous vous bénirons. Déjà nous vous bénissons ; nous vous bénissons pour ces enfants que les nécessités de la vie ont avant l'heure arrachées à leur famille et jetées au milieu des misères et des périls des grandes cités ; nous vous bénissons pour les secours et les joies que vous leur donnez, pour les amis dévoués dont vous les entourez, pour les mères que vous leur rendez, pour leur vie que vous faites plus heureuse, pour leur âme que vous faites plus pure.

Nous vous bénissons. Bénissez-nous à votre tour. Vous êtes notre Père qui êtes aux cieux ; quand vous aurez béni ces enfants, elles seront fortes deux fois ; car si le Saint-Esprit a dit que le frère aidé par son frère, que la sœur aidée par sa sœur, est comme une ville forte ; il a dit aussi que la bénédiction du père fortifie la maison de ses fils, « *benedictio patris firmat domos filiorum.* » (1)

Ainsi soit-il.

(1) Eccli. III. 11.

A. M. D. G.

Lyon. — Imprimerie M. PAQUET, 46, rue de la Charité.

www.ingramcontent.com/pod-product-compliance
Lightning Source LLC
LaVergne TN
LVHW050257030726
842520LV00006B/2437